Zum Titel des Buches
(Zum Titel von dem Buch/ Buchtitel)

Die Leserinnen und natürlich auch die Leser, denen der Nachteilsausgleich „Genitivschwäche" attestiert wurde, dürften Schwierigkeiten haben, den Titel „Des Nachteils Vorteil ist der Nachteil" sofort zu erfassen. Für sie gilt der Titel „Der Vorteil vom Nachteil ist der Nachteil".

Für Leserinnen und natürlich auch die Leser, denen der Nachteilsausgleich „lexischer Minimalismus" eine nur begrenzte Aufnahmefähigkeit von Wörtern einer Sprache attestiert, ist der Titel „Nachteilsvorteil? Nachteil!" gedacht.

Bert Kallenbach

Des Nachteils Vorteil ist der Nachteil

*Ein Führer durch die Welt
der Nachteilsausgleiche*

Bibliografische Information der Deutschen Nationalbibliothek
Die Deutsche Nationalbibliothek verzeichnet diese Publikation
in der Deutschen Nationalbiografie; detaillierte bibliografische
Daten sind im Internet über http://dnb.dnb.de abrufbar.

© April 2019 Bert Kallenbach
Herstellung und Verlag:
BoD – Books on Demand, Norderstedt

ISBN 9783749451838

für
aufgeweckte Schülerinnen und natürlich auch Schüler,
besorgte Elternteile (weiblich und männlich),
engagierte Lehrerinnen und natürlich auch Lehrer,

besorgte Schülerinnen und natürlich auch Schüler,
engagierte Elternteile (weiblich und männlich),
aufgeweckte Lehrerinnen und natürlich auch Lehrer,

engagierte Schülerinnen und natürlich auch Schüler,
aufgeweckte Elternteile (weiblich und männlich),
und besorgte Lehrerinnen und natürlich auch Lehrer

VORWORT

Dieses Buch beschäftigt sich mit Nachteilsausgleichen, die im Rahmen der Diskussion um Inklusion und Chancengleichheit eine entscheidende Rolle spielen. Mit ihrer Hilfe sollen Menschen mit eingeschränkten Kompetenzen auf den verschiedensten Gebieten wieder Teilhabe am gesellschaftlichen Leben ermöglicht werden. Eigentlich hätte dieses Buch schon längst erscheinen müssen. Allerdings litt der Verfasser in der Zeit, in der es entstand, vermehrt unter Schreibblockaden, die eine rechtzeitige Fertigstellung verhinderten. Um jedoch jeder möglichen Anfeindung und Vorwürfen, das Buch sei nicht rechtzeitig fertiggeworden, aus dem Weg zu gehen, entschloss sich der Verfasser, den Nachteilsausgleich „Schreibblockade" zu beantragen. Diese wurde von amtsärztlicher Seite im Sommer 2017 attestiert und dem Verlag – nachdem dieser mehrmalig und energisch, zunächst aber doch vergeblich nachfragte – ohne Begleitbrief vorgelegt.

Neben dieser Schreibblockade kam es seit Frühjahr 2017 zu vermehrten Unlustattacken. Dem Verfasser fehlte schlichtweg die Motivation, sich mit dem Thema „Nachteilsausgleich" zu beschäftigen. Gleichzeitig wuchs aber in ihm die Erkenntnis, dass diese fehlende Lust, sich mit dem Thema „Nachteilsausgleich" zu beschäftigen, nicht konsequenterweise bedeuten muss, dass es nicht als Buch veröffentlicht wird. Denn schließlich hat die Unlust des Autors, sich mit dem Thema zu beschäftigen, überhaupt keine Auswirkungen darauf, dass dieses Thema keine Relevanz besitzt. Der Verfasser erwirkte deshalb vor dem Arbeitsgericht, dass ein Verlag auch das Buch einer Autorin oder natürlich auch eines Autors zu veröffentlichen habe, das dieser gar nicht schreiben will. In einem Nachteilsausgleich, der diesen Umstand aufgreift, wurde deshalb folgerichtig formuliert, dass Unlust einer Autorin oder auch natürlich eines Autors am Schreiben für einen Verlag kein Argument sein könne, eine Veröffentlichung zu verweigern. Im schlimmsten Fall habe das Buch dann als Leerbuch zu erscheinen – also ein Buch mit leeren Seiten über ein Thema, worüber die Autorin oder auch natürlich der Autor eben temporär keine Lust hat zu schreiben (und in diesem Zusammenhang: Überlegen Sie bitte mal kurz, was es mit den vielen „sogenannten" Leerbüchern auf sich hat, die regalweise in den Schreibwarenabteilungen großer Kaufhäuser zu finden sind. Sie ahnen etwas?).

Angesichts dieser Tatsache können die Leserinnen und natürlich auch die Leser froh sein, dass dieses Buch überhaupt geschrieben wurde und erscheinen konnte. Möge es anderen Autorinnen und natürlich auch Autoren auf ihrem Weg hin zu einer miserablen, inhaltsarmen, lustlosen Veröffentlichung – die letztendlich durch die Inanspruchnahme eines Nachteilsausgleichs abgesichert wurde und immer noch mehr bietet als jedes Leerbuch - Ansporn und Verpflichtung zugleich sein.

Alfeld, im ~~Frühjahr~~ 2018   Der Verfasser
~~Herbst 2018~~ Januar 2019

INHALT

Abbildungen
(Kleine Monsterübungen)

ACHRONOMETRISCHES VERHALTEN

Beim achronometrischen Verhalten handelt es sich um ein Verhalten, bei dem Schülerinnen oder auch Schüler nicht pünktlich zu einem vereinbarten Zeitpunkt eintreffen. Sie erscheinen zu früh (0,25%) oder zu spät (99,75%). Es ist ein Verhalten, das – wie Ärztinnen oder natürlich auch Ärzte und Psychologinnen oder auch Psychologen übereinstimmend bestätigen – zu den meisten Nachteilsausgleichen führt. Fast könnte man dafür plädieren, diesen Nachteilsausgleich von vornherein als Nachteilspauschale zu gewähren, um eine Überforderung der Stellen, die für eine Attestierung zuständig sind, zu vermeiden.

Das verfrühte Kommen von Schülerinnen oder natürlich auch Schülern ist nicht als Nachteil zu bewerten. Ganz im Gegenteil: Schülerinnen oder natürlich auch Schülern, die zu früh kommen, ist klarzumachen, dass ihr Verhalten, mit dem sie sich bei ihren Lehrerinnen

oder natürlich auch Lehrern durch ihre vordergründig vorbildliche Einstellung einen Vorteil verschaffen wollen, ernsthafte Konsequenzen nach sich ziehen kann.
Sollte eine Schülerin oder natürlich auch ein Schüler regelmäßig zu früh kommen, hat die Klassenkonferenz einen mündlichen Tadel auszusprechen: Es kann nicht sein, dass eine Schülerin oder natürlich auch ein Schüler durch ihr oder sein ständiges rechtzeitiges Erscheinen die zu spät Kommende oder den zu spät Kommenden bloßstellt.

Unabhängig von der Reglementierung überpünktlich erscheinender Schüler, natürlich auch Schülerinnen, ist aber in jedem Fall Schülerinnen, natürlich auch Schülern, die zu spät kommen, ein Nachteilsausgleich zu gewähren.

Von einer Regelung, den zu spät kommenden Schülerinnen oder auch Schülern die Gelegenheit zu geben, pünktlich zu erscheinen, indem man einfach den Beginn des Unterrichtes um zehn, zwanzig Minuten verschiebt, ist abzuraten - die achronometrisch veranlagte Schülerin oder auch der in gleicher Weise veranlagte Schüler wird auch in diesem Fall zu spät kommen.[1]

Ebenso haben verschiedene Untersuchungen ergeben, dass die Verheimlichung des genau vereinbarten Zeitpunktes, zu dem der Unterricht beginnt, zu keiner Verbesserung der diagnostizierten Achronometrie führt. Vielmehr erfolgte im Falle einer zufälligen Übereinstimmung von vereinbarten Zeitpunkt und Erscheinen (in der älteren pädagogischen Literatur als *Pünktlichkeit* bezeichnet) beim nächsten Mal eine Verdopplung der Zeitspanne zwischen den beiden Zeitpunkten, an denen die Schülerin bzw. der Schüler erscheinen sollte bzw. zu spät kam. Verschiedene Wissenschaftlerinnen, aber auch Wissenschaftler sprechen in diesem Zusammenhang vom „Gesetz der

---

[1] *Hierzu stellt A. K., der Korrekturleser dieses Buches, fest, dass sich der um eine Stunde verspätete Unterrichtsbeginn sehr wohl positiv auf die Leistungen der Schülerinnen und Schüler auswirken könne, dieses Phänomen aber noch nicht bei Lehrerinnen und Lehrern erforscht worden sei.*

achronometrischen Dopplung" und dem „a-chronometrischen Mysterium".

Kleine Monsterübung „Einschulung"

Dass schon am Tag der Einschulung einiges schieflaufen kann, verdeutlicht diese Situation: Eine Schülerin und ein Schüler – beide im Besitz von Schultüten – schauen hämisch lachend auf das Inklusionsmonster, das hilflos die Arme von sich streckt. Gerne hätte es eine Schultüte – und hier setzt die therapeutische Übung an. Aufgabe der Lehrkraft, die therapiert werden soll, ist es, das Inklusionsmonster auf Augenhöhe mit den Mitschülerinnen und natürlich auch Mitschülern zu bringen und diese durch ruhiges Einreden davon zu überzeugen, dass sie sich um eine Schultüte für ihre Mitschülerin oder aber auch ihren Mitschüler zu kümmern haben.

19

AKUSTIKSTÖRUNG

Der Oberbegriff „Akustikstörung" umfasst sämtliche Formen akustischer Nachteilsausgleiche (s. a. u. a. z. B. Zwischenrufzwang).

Die Forschung über Akustikstörungen ist noch in den Anfängen und vermag deshalb keine gesicherten Erkenntnisse über Lernerfolg oder Misserfolg zu liefern. Fest steht lediglich, dass Schülerinnen und gewiss auch Schüler mit Akustikstörungen nicht nur nicht in der Lage sind, Äußerungen von Lehrerinnen, aber auch Lehrern, und Mitschülern, aber auch Mitschülerinnen, aufzunehmen und sowohl emotional als auch rational zu verarbeiten, sondern auch durch eigene sprachliche Äußerungen die Möglichkeit einer emotionalen und rationalen Verarbeitung sprachlicher Fremdbeiträge von vorneherein verhindern.

Inwieweit diese Schwäche durch geeignete Maßnahmen wie zum Beispiel Zeichnen oder

Vortanzen von ursprünglich sprachlich geplanten Inhalten behoben oder zumindest abgeschwächt werden kann, wird noch erforscht. In diesem Zusammenhang verweist der Verfasser auf Fortbildungsveranstaltungen, die von mehreren Bundesländern angeboten werden. Hier können in Workshops wie zum Beispiel „Getanzte deutsche Grammatik" (Bremen), „Vermittlung von Namen deutscher Flüsse und Seen durch Mimik und Gestik" (Brandenburg, in Kooperation mit Berlin) oder „Wir zeichnen Vokabeln" (Baden-Württemberg) die Grundlagen nichtsprachlicher Kommunikation erlernt werden.

ALLGEMEINE LERNSCHWÄCHE

Im Unterschied zur Teilleistungsschwäche handelt es sich bei der allgemeinen Lernschwäche um eine umfassende Schwäche in sämtlichen Fächern. Diese Schwäche kann in der Massivität und Universalität ihres Auftretens erhebliche schädliche psychische Folgen für die Schülerin oder den Schüler verursachen – vor allem für diejenige oder denjenigen, die oder der mit Vehemenz darauf hinweist, dass sie oder er unter allen Umständen gute Leistungen erzielen will.

Schulen sind deshalb gut beraten, den Beurteilungen des schulpsychologischen Dienstes ohne großes Nachfragen Ernsthaftigkeit und Gewissenhaftigkeit zuzugestehen. Diskussionen von Lehrkräften über Sinn und Unsinn schulpsychologischer Aussagen sind von vorneherein Absagen zu erteilen. Und wenn in der fachärztlichen Beurteilung gefordert wird, dass aufgrund möglicher nachteiliger Folgen für den Schüler auf jede Art von Bewertung verzichtet werden muss, ist diese Forderung tatkräftig umzusetzen.

BEGRÜßUNGSALLERGIE

Medizinisch gesehen ist die fehlende Ausschüttung sogenannter Begrüßungshormone die Ursache für die Nichtteilnahme an Begrüßungszeremonien. Besagte Hormone docken im Moment der kurz bevorstehenden Zeremonie an entsprechenden Regionen des Gehirns; diese wiederum schicken anschließend Verhaltensbefehle an Körperregionen und ermöglichen somit eine erfolgreiche Durchführung der Begrüßung. Schülerinnen und Schülern mit fehlenden Begrüßungshormonen kann der Wille zum Grüßen nicht abgesprochen werden. Das Grüßen findet, auch wenn es subjektiv höchstwahrscheinlich gewollt ist und anscheinend auch in seiner angeblichen Durchführung als Realität wahrgenommen wird, objektiv nicht statt.

Zu einer Allergie artet dieser Mangel an Begrüßungshormonen jedoch erst aus, wenn Lehrerinnen und Lehrer auf das Nichtgrüßen reagieren, die Schülerin oder den Schüler auf sein Fehlverhalten hinweisen und sie oder ihn womöglich noch bestrafen. Erst dies ist nämlich der Moment, der der Schülerin oder dem Schüler auf schmerzliche Weise klarmacht, dass ihr oder ihm eine Laune der Natur diese Art von Hormonen versagte.

Aus diesem Grund hat eine Lehrerin oder ein Lehrer auf alle Fälle sich so zu verhalten, dass bei der Schülerin oder beim Schüler Gewissheit bei der Beantwortung der Frage herrscht, ob sie oder er denn nun gegrüßt habe oder nicht. Natürlich hat die Schülerin gegrüßt, natürlich hat der Schüler gegrüßt. Auf alle Fälle hat sie oder er gegrüßt. Und man hat als Lehrerin oder Lehrer zu lächeln – darüber zu lächeln, dass die Schülerin oder der Schüler auf so angenehme Art und Weise den Gruß erwidert hat.

Selbst, wenn sie es nicht getan hat; selbst, wenn er es nicht getan hat.

BRINGSCHULDIGNORANZ

Eine der perfidesten Verhaltensweise von Lehrerinnen und Lehrern ist es, Schülerinnen und
Schülern nach dem Schreiben, der Korrektur
und der Rückgabe einer Arbeit die Erlaubnis
zu geben, ihr Arbeitsheft mit nach Hause zu
nehmen. Hinter der vordergründig abgegebenen Versicherung, weibliche und männliche
Elternteile über die Leistung ihrer Kinder informieren zu wollen, steckt in Wirklichkeit die
Absicht, Schülerinnen und Schülern die Gelegenheit zu geben, ihr Arbeitsheft vergessen zu
können.

Die in der ersten Stunde nach der Rückgabe
geäußerte Aufforderung, die Arbeitshefte einzusammeln und die scheinheilig gestellte
Frage, welche Schülerinnen und Schüler ihr
Arbeitsheft vergessen haben, wo denn das Arbeitsheft sei – verbunden mit einem spöttischem Lächeln – drängt die Schülerin und den
Schüler in eine ausweglose Situation und

zwingt sie oder ihn in entwürdigender Weise zu Äußerungen, die nicht ernstgenommen werden dürfen. Sie sind letztendlich nur erschreckende Beispiele für die Verzweiflung, in die des Lehrers oder der Lehrerin lässig dahingeworfene Aufforderung, das Arbeitsheft mitzubringen, den Schüler oder die Schülerin stürzt.

In der Vergangenheit und bis zur Formulierung eines Nachteilsausgleichs „Bringschuldignoranz" hatten Schülerinnen und Schüler die Frage nach dem Verbleib des Arbeitsheftes mit Äußerungen wie „Das find' ich nicht mehr", „Das hab' ich doch schon abgegeben" oder „Welches Arbeitsheft?" beantwortet und einen Strich für nicht gemachte Hausaufgaben im Lehrerinnen- und Lehrerkalender erhalten – denn als eine nicht gemachte Hausaufgabe zählte das Vergessen eines Arbeitsheftes.

Neben dieser fragwürdigen Entscheidung, ein nicht mitgebrachtes Heft als nicht gemachte Hausaufgabe zu bewerten, erscheint es auch pädagogisch zweifelhaft, Schülerinnen und Schülern durch diesen Akt des Vergessens die

Möglichkeit zu geben, sich herabzuwürdigen. Und schließlich geht es den Lehrerinnen und Lehrern – man muss hier ganz ehrlich sein - nicht um die Rückgabe eines Heftes, das man den Schülerinnen und Schülern für einen zeitlich befristeten Zeitraum zur Verfügung gestellt hat, sondern um Lustgewinn – durch das Stellen einer Frage, deren Antworten sie doch eigentlich seit Jahrzehnten schon kennen.[2]

Glücklicherweise ist in den Kultusministerien mehrerer Bundesländer die Frage, wie zu verfahren sei, wenn ein Arbeitsheft nicht wie gefordert von zu Hause wieder mitgebracht wird, aufgegriffen worden. Im Grundsatz hat man

---

[2] *Verschiedene Untersuchungen an Universitätskliniken mit einer ausreichenden Zahl von Probandinnen und Probanden ergab, dass Lehrerinnen und Lehrer gleichzeitig mit der Frage nach dem Verbleib eines Arbeitsheftes vermehrt ein Glücksgefühl – durch die Ausschüttung entsprechender Glückshormone – an den Tag legten, das in dem Moment, in dem tatsächlich ein Arbeitsheft vorgelegt werden konnte, in einen Zustand tiefer Depression umschlug. Es scheint so zu sein, dass Lehrerinnen und Lehrer auf ihre Frage überhaupt keine positive Antwort erwarten – noch nicht einmal ernsthaft wollen.*

sich bereits darauf geeinigt, dass die Lehrerinnen und Lehrer nicht nach dem mitgebrachten Arbeitsheft fragen, sondern

1. den Schülerinnen und Schülern eine Mitnahme nach Hause verbieten,
2. die Schülerinnen und Schüler anschließend fragen, ob sie das Arbeitsheft wieder mitgebracht hätten, wenn man ihnen eine Mitnahme nach Hause erlaubt hätte

und

3. die Glaubwürdigkeit der Schülerinnen- oder Schülerantwort auf diese Frage nicht in Zweifel zieht.

Die sich notwendigerweise daran anschließende Frage, wie weibliche und männliche Elternteile von den Arbeitsergebnissen ihrer Kinder erfahren können, ist in Arbeitsgruppen, die an jeder Schule zu bilden sind, zu erörtern. Als Gesichtspunkte, die in diesen Arbeitsgruppen zu berücksichtigen sind, werden Telefonanrufe genannt, die durch die Lehrerinnen und Lehrer zu erfolgen haben. Dabei sind den Eltern von Kindern einer Lerngruppe allgemein die

Korrektur und Bewertungskriterien sowie individuell die Ergebnisse der einzelnen Schülerin und des einzelnen Schülers mitzuteilen. Sollten sich Eltern für inhaltliche Aspekte einer Arbeit interessieren, sind Kopien anzufertigen, die mit Schulstempel zu versehen sind[3] und dem Schüler oder der Schülerin mitgegeben werden können.

Nicht angeforderte Kopien oder Kopien, die versehentlich von zu Hause wieder mitgebracht wurden, sind in entsprechenden Ordnern in der Schule aufzubewahren, wobei als mittlere Aufbewahrungszeit ein Zeitraum von acht Jahren vorgeschlagen wird.

Um den Eindruck zu vermeiden, dass dieser Vorgehensweise ein Automatismus zugrunde liegt, den Eltern als Selbstverständlichkeit betrachten können, ist zu Beginn eines Schuljahres darauf hinzuweisen, dass die Mütter und Väter sich bei Jugendpsychologen oder dem

---

[3] *Unterschriftenstempel genügen in diesem Fall nicht. Vielmehr haben die Unterschriften handschriftlich zu erfolgen.*

schulpsychologischen Dienst um die Attestierung des Nachteilsausgleichs „Bringschuldignoranz" bemühen müssen – manchmal auch sollen, dürfen, können. Sollten die Elternteile (weiblich und männlich), die ja – davon kann man im Regelfall ausgehen – nicht mehr schulpflichtig und folgerichtig nicht nachteilsausgleichsberechtigt sind, an einer Bringschuldignoranz leiden, ist eine Arbeitsgruppe zu bilden, die sich mit der Frage beschäftigt, wie mit diesen Elternteilen zu verfahren ist, die auf Grund ihres Nachteils nicht in der Lage sind, Bescheinigungen vorzulegen.

Glücklicherweise ist in den Kultusministerien mehrerer Bundesländer die Frage, wie zu verfahren ist, wenn ein Attest nicht wie gefordert von den Eltern vorgelegt wird, aufgegriffen worden. Im Grundsatz hat man sich bereits darauf geeinigt, dass die Lehrerinnen und Lehrer nicht nach dem Attest fragen, sondern ... (s. 5. Absatz zu diesem Stichwort)

Kleine Monsterübung „Schultasche"

Unverantwortlich – anders kann man die Situation, in der sich das Inklusionsmonster befindet, nicht bewerten: Es hebt verzweifelt die Arme, links von ihm steht die Schultasche, die es unmöglich alleine und schon gar nicht eine längere Strecke tragen kann. Einfühlsam hat hier die zu therapierende Lehrkraft das Monster auf den Zeigefinger zu setzen und die Tasche zwischen Daumen und Mittelfinger zu nehmen. Danach ist eingehend darüber zu sprechen, wie sich die Lehrkraft in diesem Moment gefühlt hat – ist es wohltuend gewesen, jemandem helfen zu können? Hat es ein Gefühl der Glückseligkeit bewirkt? Könnte man sich eine Wiederholung dieser Tat vorstellen?

DEBILITÄTSSTEMPEL

Harald Martenstein, Redakteur beim Tagesspiegel und Autor der Serie „Martenstein" äußerte sich im November 2016 über die Bedeutung des Füllwortes „genau". Den Erfolg dieses Wortes, das im Sinne von „stimmt, das ist richtig" gebraucht wird, schrieb er den vorherrschenden Pädagogikkonzepten der letzten Jahrzehnte zu. In ihnen werden – nach Martensteins Ansicht – Heranwachsende von Erziehungsberechtigten ununterbrochen gelobt und bestätigt. Als Beispiel hierfür nennt er den Sechzehnjährigen, der das Auto seiner Eltern gegen den Baum gefahren hat – was von ihnen mit „Schön, dass du so viel Selbstvertrauen gehabt hast" kommentiert wird.

Genau.

Vermutlich sind in diesem Zusammenhang auch die Lehrerstempel zu sehen, die in Billigmärkten pünktlich zu Schuljahresbeginn von engagierten, lobgeilen Lehrerinnen und Lehrern für fünf Euro erworben werden können. Es handelt sich dabei um Holzwürfel mit einer Kantenlänge von etwa 2 – 3 cm, auf deren Unterseite das Gummi der Stempel – versehen mit einer kleinen Zeichnung und ein, zwei Worten – aufgeklebt wurde. Sechs Stempel sind auf einem kleinen Holzständer aneinandergereiht, vor ihnen befindet sich eine längliche Plastikschachtel, die sechs kleine Stempelkissen in den Farben dunkelrot, blau, grün, gelb, hellrot und violett enthält.

Ein Aufdruck auf der Oberfläche der Holzwürfel informiert über den Inhalt der Unterseite. Es gibt eine Sonne mit lachendem Gesicht – kommentiert mit „sehr gut", eine lachende Blume – versehen mit dem Ausruf „schön gemacht", eine grinsende, nach rechts fliegende Biene, die etwas mit „sehr fleißig" bewertet, eine nach links schlurfende Schnecke oder ein Schneck, die oder der mit schelmischem Lächeln im Gesicht und aufrechten Fühlern „Nicht aufgeben" lallt, eine Eule, die – ihr linkes Auge geschlossen – ein „Weiter so" krächzt (oder ein Eul mit seinem geschlossenen Auge) und einen Stern, der mit breitem Grinsen „Spitze" jubiliert.

Meine Frage an die Verkäuferin, ob es auch Stempel gebe, die Kritik, Ablehnung, Verneinung ausdrücken und mit entsprechenden Abbildungen versehen sind, wurden von dieser mit einem irritierten und verständnislosen Blick kommentiert. Natürlich gibt es keinen Stempel, der einen sich ins Erdreich wieder hinein buddelnden Maulwurf zeigt, unter dessen Hinterteil „So nicht" steht. Und natürlich gibt es keinen Hund, der mit fletschenden Zähnen „Aua, das tut weh" veranschaulicht. Und auch der herablassende Blick eines Kamels, der lapidar auf „Das genügt nicht" verweist, fehlt.

So bleibt nichts anderes übrig als auch das Fehlerhafte mit den vorhandenen lobenden Stempeln zu bewerten und in das Schülerinnen oder Schülerheft unter die nicht gemachte Hausaufgabe den Stempel „Fleißig" zu setzen – anders kann man das stete Streben der Schülerin oder des Schülers, die weiße Reinheit des Heftes zu erhalten, nicht deuten. Das in einem Diktat falsch geschriebene Wort kann am Rand mit einem „Weiter so" versehen werden (vielleicht setzt sich ja die Schreibweise irgendwann einmal durch), und für das Zuspätkommen knallt man der Schülerin oder aber auch dem Schüler ein „Schön gemacht" auf die Stirn – am besten mit der blauen Stempelfarbe, damit es die Elternteile, und zwar weiblich und männlich, zu Hause gleich sehen und weiter loben können.

Und wenn Elternteile männlich und weiblich erbost in der Schule vorstellig werden, weil sie hinter den Lobeshymnen Zynismus, Verachtung und Spott vermuten, sollte man sie verwundert anschauen und dann erklären, dass es sich im Zuge der zur Zeit herrschenden Pädagogik um sogenannte „Debilitätsstempel" handele, um Stempel, deren Kommentare gravierende Intelligenz- und Verhaltensschwächen beschönigen, um negative psychische Folgen bei Schülerinnen und Schüler zu vermeiden. Schließlich war die Leistung zwar falsch, aber so schlecht wiederum auch nicht – zumindest war da ja der Versuch zu erkennen, etwas leisten zu wollen.

Und mit ein bisschen guten Willen könnte man fast sagen, sie sei richtig.

Unter diesen Umständen.

Genau.

DEFIZITÄRDEFIZIT

Das sogenannte Defizitärdefizit gab es eigentlich schon immer, wurde aber als solches nicht wahrgenommen und konnte deshalb bis jetzt auch nicht attestiert werden. Es bezeichnet den Nachteil, der einer Schülerin oder einem Schüler in dem Moment entsteht, in dem er einer der wenigen Schülerinnen oder Schüler – wenn gar nicht sogar der oder die einzige – einer Gruppe bzw. Klasse ist, der oder dem kein Nachteilsausgleich gewährt wurde. Heute kann diesen ein Nachteilsausgleich gewährt werden, wenn mehr als 75% der Schülerinnen und Schüler ein Nachteilsausgleich gewährt wurde. Dieser wird dann als „defizitärdefiziter Nachteilsausgleich" bezeichnet.

DISCHRONOMETRIE

Die Schwäche, zeitliche Abläufe und Zeitpunkte erfassen zu können, wird als dischronometrisches Verhalten bezeichnet und ist in entsprechenden Konferenzen zu erörtern und als Nachteilsausgleich für entsprechende Schülerinnen und Schüler zu formulieren (s. a. achronometrisches Verhalten). Dies gilt insbesondere für zeitliche Abläufe, die einen fest definierten Anfangs- und Endpunkt haben, deren Endpunkt aber von der Schülerin oder vom Schüler eigenmächtig so gelegt wird, dass eine Verkürzung oder Verlängerung der Zeitspanne erfolgt.

Bernfried, der Sohn von Erwin Ugge und Petra Mesch-Ugge aus M., hatte nach den Einschulungsfestlichkeiten, die ihm auf Grund der Gesangsdarbietungen und einem aktiv praktizierten Geschenkepluralismus seiner Verwandtschaft ungemein gut gefielen, seinen ersten regulären Schultag. Die erste Stunde, die sich mit

39

spielerischen Übungen zum Thema „Wir lernen lesen" beschäftigte, machte er noch voll mit. Im Verlauf der zweiten Stunde, in der eine spielerische Annäherung an die Zahlen Eins bis Zehn erfolgte, stand er unvermittelt auf, packte seine Schultasche, zog sich seine Jacke an, stand auf und ging zur Tür des Klassenraumes. Seiner verdutzten Klassenlehrerin, die an ihrem Pult saß und ihn fragend anschaute, rief er im Vorbeigehen zu: „Jetzt habe ich aber Durst wie eine Kuh – und Hunger hab' ich auch. Ich gehe jetzt nach Hause und esse ein Brötchen mit warmem Fleischkäse. Morgen komme ich dann wieder."

Kleine Monsterübung „An der Tafel I"

So sollte es nicht sein: das Inklusionsmonster wird an die Tafel gerufen und soll, bevor ihm eine Aufgabe gestellt wird, die Tafel sauber wischen. Hilflos, die Arme in die Höhe gestreckt, stellt sich das Monster vergeblich dieser Aufgabe, denn zu hoch hängt die Tafel. Diese Situation kann von der Lehrkraft, die ihre Häme über die Verzweiflung eines anderen ausschütten möchte, höchstwahrscheinlich mit Absicht herbeigeführt worden sein. Auf alle Fälle ist der Spott der Klasse hier vorprogrammiert.

DISSOZIALISIERUNGSTENDENZ

Unter der Dissozialisierungstendenz versteht man den Drang, sich im Unterricht jeglicher Form von sozialen Arbeitsformen zu verweigern und dies mit Schimpfen und Fluchen zu begleiten (bei gleichzeitigem Schweigen zu Unterrichtsinhalten), gleichzeitig aber auch physisch (Schläge, Tritte, Hin- und Herwerfen des Oberkörpers) zu bekräftigen – der sogenannten Schlagtendenz. Beide Faktoren – Verbalverweigerung und Schlagtendenz - geben den Grad der Verweigerung an. Berechnet wird diese Verweigerung mit der Formel $(V \times 3 + S \times 7) : 10$. In der Verantwortung der Lehrkraft liegt es, den Grad der Verweigerung zu bestimmen.

Als Richtlinien können folgende Angaben dienen:

Schüler sagt	Schüler schlägt	Punkte
wenig	gar nicht	1
herzlich wenig	wenig	5
nichts	viel	10
gar nichts	nur	100

Als Maßeinheit dient der Begriff „Verschlag" (Vs) – eine Zusammenziehung beider Begriffe.

Inwieweit Verbaläußerungen einer Schülerin oder eines Schülers Hinweise für eine Dissozialisierungstendenz geben, ist in verantwortungsvoller Weise von der jeweiligen Lehrkraft zu beurteilen. Es erfordert ein feines Gespür, wenn eine Lehrerin, die von einer Schülerin oder einem Schüler mit „Dusselige Kuh" angefahren wird, erkennt, dass dies keine persönliche Beleidigung darstellt, sondern verzweifelter Ausdruck einer Dissozialisierung ist. Hier bewirken gütige, beruhigende Worte und die Anfreundung mit dem Gedanken, dass man ja vielleicht wirklich eine dusselige Kuh ist, mehr als die Forderung nach einem Gespräch mit einzelnen Elternteilen (Mutter oder Vater) oder der Gesamtheit der Eltern (Mutter und Vater).

ELTERNHYPOTHESENSUPPLEMENT
(eigentlich:
Hypothesensupplement von Elternteilen)

Hierbei handelt es sich um eine Bereicherung der Erklärungsversuche erzielter Leistungen und beobachteter Verhaltensweisen durch elterliche Ergänzungskommentare. Diese reichen von einfach strukturierten Aussagen wie „Zu Hause konnte er es aber noch" bis hin zu detailliert ausgearbeiteten wissenschaftlichen Abhandlungen, mit denen eine Gruppe von Ärztinnen und/oder Ärztinnen – bestehend aus verschiedenen Fachärztinnen und/oder -ärzten – einfache Sachverhalte auf der Ebene einer wissenschaftlichen Sprache ausbreitet. Während die erstgenannten Aussagen als Gesprächsnotiz abgeheftet werden können, besteht für die wissenschaftlichen Abhandlungen die Pflicht, sie aus Datenschutzgründen an sicheren Orten aufzubewahren. In den Tresoren fast aller Schulen nehmen diese Abhandlungen mittlerweile den meisten Platz in Anspruch, so

dass die ursprünglich für einen Tresor vorge-
sehenen Dinge (Geld, Wertgegenstände u. ä.)
nicht mehr hineinpassen. In einigen Bundesländern versucht man diesen Missstand zu be-
heben, indem zwei Tresore in einem Sekreta-
riat vorgeschrieben werden: der Primärtresor
(PriTre) für Abhandlungen über Nachteile und
der Sekundärtresor (SekTre) für Geld und an-
derweitige Wertgegenstände.

FORMBLATTALLERGIE

Der im November 2012 verstorbene Real-
schullehrer Karl Groh-Tesck klagte kurz vor
seinem Ableben gegenüber Kolleginnen und
Kollegen, dass er ein seltsames Kribbeln verspüre, wenn er den Fachraum „Formblatt"[4]
aufsuche. Dieses Kribbeln verstärke sich,
wenn er einen der Ordner aufschlage, und

---

[4] *Der Fachraum „Formblatt" ist ein Raum, der vor mehreren
Jahren in verschiedenen Schulen eingerichtet wurde, um der zunehmenden Formblattwut Herr zu werden. Es handelt sich dabei
meist um einen fensterlosen Raum, der mit mehreren schlichten
Holzregalen ausgestattet ist. Aus Gründen der Zweckmäßigkeit
sollte er einen Tisch aufweisen, auf dem die entsprechenden Ordner ausgebreitet werden können, und einen Stuhl, um länger in
diesem Raum verweilen zu können. Die in der Umgangssprache
bestehenden Begriffe für diesen Raum sind vielfältig (z.B. Kafkas
Traum, Aktenséparée, Bar zur losen Sammlung, Formblattbe-
dürfnisanstalt, Kritzelraum, Ankreuzkaschemme, Hohlraum
A/I). Die in ihm befindliche Lehrkraft wird oft als Formaille,
Staubfresser, Kreuzchenmacher, Formblattist, Liniengaukler,
Linientreuer, Felderfuchs, Einsilbfliege, Sätzeschlächter, Phra-
senmetzger bezeichnet.*

werde unerträglich, wenn er einer der Klarsichthüllen ein Formblatt entnehme. Gleichzeitig verspüre er Atemnot, Herzrasen, Zittern und Gleichgewichtsstörungen – diese verbunden mit massiven Sehstörungen. Eine später auf Drängen seiner Ehefrau durchgeführte Autopsie ergab, dass sich in großen Bereichen der Lunge Paragraphen verhakt hatten, im Blut fanden sich unterschiedlichste Verklumpungen von Zahlen, Abkürzungen und Schrägstrichen; sein Gehirn war durchzogen von gestrichelten, durchgehenden und doppelt gezogenen Linien.

Angesichts dieses tragischen Schicksals haben sich die Vertreter der Kultusministerien der Bundesländer darauf geeinigt, bis auf Weiteres Schülerinnen, Schüler und Elternteile vom Besitz und Gebrauch der Formulare, die von Schulen herausgegeben werden, abzuraten, wenn diese einen formlosen Antrag „Formblattallergie" stellen. Die bisher durch solche Formulare erfassten Inhalte sind nunmehr telefonisch zu erfragen und durch die Lehrkräfte in Gesprächsprotokollen festzuhalten. Mütter,

Väter, Schülerinnen und Schüler haben die Richtigkeit der Inhalte dieser Gesprächsprotokolle in regelmäßigen Abständen an besonderen, extra einzurichtenden Tagen mit ihrer Unterschrift zu bestätigen. Diese sog. Beglaubigungstage sind von jeder Schule nach eigenem Ermessen festzulegen und dürfen nicht länger als sechs Wochen auseinanderliegen. Für die Beantwortung der Frage, wie Schülerinnen, Schüler und Elternteile über diese Termine informiert werden können, ist eine Arbeitsgruppe zu bilden. Alternativ hierzu kann von vornherein auf das Prinzip der Telefonkette zurückgegriffen werden, wobei zwischen Klakette (einzelne Klasse), Jakette (einzelne Jahrgänge) und Schukette (gesamte Schule) unterschieden wird. Idealziel ist die Konstituierung einer Orkette (sämtliche Schulen eines Ortes).

GEFÄHRDER

ist ein abfälliger Begriff, mit dem Lehrerinnen und Lehrer beschrieben werden, die Nachteilsausgleichen ablehnend gegenüberstehen, sich über sie lustig machen und in Konferenzen subversiv gegen die Ziele der Chancengleichheit arbeiten (weitere Bezeichnungen: Inklusionsignorant, Chancenstoffel, Inklusiclown, Nachteilstroll, Gnom Hoffnungslos).

GENITIVSCHWÄCHE

Schülerinnen und Schüler, von denen die Schwäche ist, dass sie im Umgang mit dem Gebrauch von dem Genitiv erhebliche Schwierigkeiten haben, von denen die Ursachen noch nicht genügend geklärt sind, bekommen den Nachteil von der Schule attestiert, dass der Gebrauch von dem Genitiv von ihnen nicht verlangt wird. Die Elternteile von den Schülerinnen und von den Schülern haben die Information von der Befreiung von dem Benutzen von dem Genitiv in einem Schreiben von der Schule zu erhalten, das frei von dem Gebrauch von dem Genitiv ist.

Als Beispiele für das Nichtbenutzen von dem Genitiv sind vor allem zu nennen:

mit Genitiv	ohne Genitiv
Schülerin bzw. Schüler der Klasse	Schülerin bzw. Schüler von der Klasse
Beste Leistung ihrer/ seiner Klasse	Beste Leistung von der Klasse von ihr oder von ihm
Unterschrift der Elternteile	Unterschrift von den Elternteilen
*	*
*	*
*	*

(* kann mit eigenen Beispielen ergänzt werden)

GLASFLASCHENVERBOT
(s. a. Phantomdehydrierung)

Auf Grund der Tatsache, dass es mit der Erlaubnis, im Unterricht trinken zu dürfen, vermehrt zu Glasbruch kam, haben einige Schulen ein sogenanntes Glasflaschenverbot formuliert. Schülerinnen und Schülern, denen auf Grund einer Plastikallergie keine Plastikflasche zugemutet werden kann, ist auf ihren Antrag hin eine finanzielle Zuwendung für die Beschaffung von Trinkflaschen zu gewähren, die aus alternativen Materialien bestehen. Die Frage, welcher Art dieses Material sein soll, konnte noch nicht wissenschaftlich korrekt beantwortet werden. Unberührt davon bleibt aber das Anrecht auf finanzielle Zuwendung für das noch zu benennende Material.

Kleine Monsterübung „An der Tafel II"

Das Inklusionsmonster wurde auf einen Tisch gestellt, damit es die Tafel erreicht und besser auf ihr schreiben kann. Vorbildlich! Nicht oft genug kann diese Übung in therapeutischen Sitzungen durchgeführt werden. Immer und immer wieder sollte die Lehrkraft, der ein Gespür für Nachteilsausgleich vermittelt werden soll, den Tisch an die Tafel schieben und das Monster draufsetzen. Einem Mantra ähnlich sollten dabei Worte der Güte und Anteilnahme wieder und wieder ausgesprochen werden.

HYGIENESTAU

Die Schülerin Annabelle saß ziemlich müde und immer wieder mit dem Kopf nach vorn nickend weit weg von den Fenstern des Klassenraumes der 9a. Es war ein Dienstagmorgen im Sommer, der Tag schien schön zu werden – so schön, wie es schon der Montagnachmittag gewesen war. Da hatte sie sich mit Freundinnen getroffen; sie waren durch die Fußgängerzone gezogen, durch die Menschenmenge, diese schwitzende, hetzende, stoßende, schiebende Masse. Sie ließen sich durch die Geschäfte treiben, in denen Klimaanlagen hohe Luftfeuchtigkeit hin- und weg wälzten. Annabelles T-Shirt freute sich, freundete sich mit ihr an und ließ nicht mehr ab von ihr und sie nicht mehr von ihm.

Der Nachmittag war dem Zusammensein mit ihrem Freund in einer Dachkammer gewidmet – eine Dachkammer, die Ungestörtsein versprach. Fernab jeder Luftzirkulation atmeten sie hier den Geist der Freiheit, hörten ihre Musik, tranken ihre Getränke. Annabelles T-Shirt freute sich und ließ nicht mehr ab von der schwitzenden Haut, krallte sich jeden Schweißtropfen, ließ ihn verdunsten, behielt als Andenken die salzige Umrandung seiner ehemaligen Form zurück. Davor aber noch wurden ganze Stämme von Bakterien aufmerksam auf Annabelles Situation, zogen in die Zonen des ewigen Schweißes und begannen ihr zersetzendes Werk. In den unterschiedlichen Körperregionen entstanden Schwaden unterschiedlicher säuerlicher und ranziger Gerüche: denn je nachdem, welcher Bakterienstamm die Drüsensekrete dort zersetzte, entstanden die unterschiedlichsten Duftkomponenten. Die abgebauten langkettigen Fettsäuren lösten sich auf in kürzere Ketten, stiegen auf und umhüllten Annabelles Körper.

Der Abend galt dem Besuch des örtlichen Kinos und dem Genießen eines dort abgespielten Filmes. Zu diesem Genuss kam es jedoch nicht, weil die erste Reihe vor und zwei Reihen hinter Annabelle den Besuch der Vorstellung nach einer ersten olfaktorischen Wahrnehmung abbrachen und nach massiven Protesten ihr Eintrittsgeld zurückerstattet bekamen.

Annabelle, die vom Zusammenwirken zwischen ihren Drüsensekreten und den Bakterienstämmen keine Ahnung hatte und nach einer unruhigen Nacht am nächsten Morgen wieder zur Schule ging, wurde gleich zu Beginn der ersten Stunde von ihren Mitschülerinnen und Mitschülern in übelster Weise beschimpft.

Und hier nun muss die verantwortungsvolle Lehrkraft – idealerweise für Religion, Ethik oder Werte und Normen - einschreiten und die Mitschülerinnen und Mitschüler davon überzeugen, dass Annabelles Verhalten vorbildlich ist. Dieses Verhalten, das sich an ethischen Vorstellungen Albert Schweitzers und Mahatma Gandhis orientiert, duldet kein Töten – und sei das Lebewesen noch so klein. So, wie Schweitzer keinen Holzpfahl setzte, ohne sich vorher zu vergewissern, ob auch kein Regenwurm auf dem Boden des gegrabenen Loches krieche, und so, wie Gandhi eindeutig feststellte, dass der Mensch wissen muss, dass er mit jedem Atemzug Tausende von Bakterien tötet und damit gegen das Gebot, man solle nicht töten (ahimsa), verstößt, so gebührt Annabelles Verhalten höchste Anerkennung.

Und deshalb sollte darauf nicht höhnisch mit „könnte sich mal wieder waschen", reagiert werden, sondern positiv muss der Nachteilsausgleich „Hygienestau" berücksichtigen, dass gerade mit diesem Verhalten das zutiefst ethische Gebot des Nicht-Tötens radikal umgesetzt wird. Entsprechend ist auch im Zeugnis unter dem Punkt *Bemerkungen* zu formulieren, dass sich Annabelle aktiv und uneigennützig für den Erhalt der Tierwelt eingesetzt habe.

IMAGINIERTE DEVIANZ

Von imaginierter Devianz spricht man, wenn eine Schülerin oder ein Schüler neben der Wirklichkeit trottet und die Vorstellung hat, dieser eingeschlagene Pfad sei die Wirklichkeit. Dieses deviante Verhalten tritt vor allem in den Fächern Deutsch und Mathematik in unterschiedlicher Ausprägung auf.

In seiner milden, abgeschwächten Form behauptet eine Schülerin oder ein Schüler, dass das, was sie oder er geschrieben habe, doch fast richtig sei. Erkennbar ist an dieser Formulierung, dass der Kontakt zur Wirklichkeit – zur realen Wirklichkeit – noch nicht vollends verloren gegangen ist.

In stärkster, unnachgiebiger Ausprägung vermag die Schülerin oder der Schüler nicht mehr die Möglichkeit der Existenz einer anderen Wirklichkeit als die, in der sie oder er sich befindet, zu erkennen. Mit penetranter Sturheit behauptet sie oder er – und dies mit ständig zunehmender Lautstärke –, dass das, was sie oder er geschrieben und gerechnet habe, als richtig anzuerkennen sei.

Nicht selten wird dieses Verharren in der eigenen Wirklichkeit von wüsten Beschimpfungen begleitet, die bisweilen sogar von körperlichen Attacken begleitet werden. Vermutlich geht von diesem Verhalten eine ansteckende Wirkung aus, denn sogar Elternteile gleiten bei dem Versuch, ihre Kinder zu unterstützen und ihnen recht zu geben, in deren Scheinwelt ab.[5]

Übrigens gibt es zu dem gesamten Thema der imaginierten Devianz ein bedeutungsloses Gedicht eines unbekannten Verfassers, das lediglich der Vollständigkeit halber zitiert wird:

---

[5] *Die Forschung, inwieweit es sich hierbei um eine Art Virus handelt, das diese ansteckende Wirkung verursacht, steckt noch völlig in den Kinderschuhen.*

ABSEITS VOM WEGE

Abseits vom Wege
Beweg ich mich träge
Über Brücken und Stege.

Wo ist der Pfad?
Wo befind ich mich grad?
Ach, wie find ich es schad
Von früh bis spat
Richtungslos – so'n Salat.

INKLUSIONSIGNORANZ

Nach mehreren anstrengenden Gesprächen mit Lehrerinnen und Lehrern, Besuchen bei Ärztinnen und Ärzten hatten es die Elternteile von Lukas H. endlich geschafft, durch eine Klassenkonferenz feststellen zu lassen, dass ihrem Sohn auf Grund verschiedener Schwächen im Deutschunterricht ein Nachteilsausgleich zu gewähren sei. Dieser Ausgleich sah vor, dass Lukas für jede Deutscharbeit 15 Minuten mehr Zeit als nicht benachteiligten Schülerinnen und Schülern zuzustehen habe. In den folgenden Deutscharbeiten gelang es Lukas nicht, 15 Minuten länger als seine Mitschülerinnen und Mitschüler zu schreiben. Schlimmer noch: Die Ergebnisse, die er in den Arbeiten erzielte, wichen nicht in bedeutender Weise von den Ergebnissen seiner Mitschülerinnen und Mitschüler ab. Da dieses inklusionsablehnende Verhalten nicht bewusst auftrat und dementsprechend nicht als geplant beurteilt werden konnte, suchte die Klassenlehrerin das Gespräch mit ihm. Nach mehreren nicht fruchtenden Gesprächen mit Lukas nahm man Kontakt zu beiden Elternteilen auf, die zunächst eine tritt- und schlagkraftvermittelte Nachteilserkenntnis favorisierten. Man einigte sich aber schließlich darauf, Lukas in einer Therapie zu schicken.

Diese zeigt mittlerweile erste Erfolge. Nach zweieinhalb Jahren ist Lukas endlich in der Lage, seine Nachteilsbedürftigkeit zu erkennen.[6] In der letzten Deutscharbeit bestand er darauf, dass die Zeit, die er länger schreiben darf, um 15 Minuten auf 30 Minuten verlängert wird.

Die Inklusionsignoranz ist also die Unfähigkeit zu erkennen, dass Inklusion notwendig ist. Man unterscheidet zwischen passiver und aktiver Ignoranz. Die passive Ignoranz tritt vor-

---

[6] *Die Erziehungswissenschaft bezeichnet dieses Phänomen mit dem Ausdruck „persuasiv-insistorisch erworbener Nachteil", was natürlich gegenüber dem Begriff „Nachteilsignoranz" eine eindeutige semantische Aufwertung darstellt.*

nehmlich bei Schülerinnen und Schülern auf. Sie müssen immer wieder auf ihre Inklusionsbedürftigkeit hingewiesen werden.

Aktive Ignoranz tritt fast nur bei Lehrerinnen und Lehrern auf. Es handelt sich dabei um eine Ablehnung von Nachteilsausgleichen in verschiedenen Stufen und Formen. Während die unterste Stufe der Ablehnung geprägt ist von gehässigen Bemerkungen („Komm mal nach vorn an die Tafel, mein kleiner Benachteiligter", „Mach mal ein blödes Gesicht – Danke, genügt", „Was meinst Du als Unbeteiligter zum Thema Intelligenz?"), lobpreist die Lehrerin oder der Lehrer, die oder der sich in der höchste Stufe befindet, Gewalt in den höchsten Tönen und droht sie unverhohlen an. Die Bemerkungen „☠☠☠☠☠☠☠☠☠☠☠☠☠" oder „💣💣💣💣 sind da noch die harmloseren eines insgesamt sprachlich leicht aus dem Ruder laufenden Verhaltens.

INKLUSIONSMONSTER

Lehrkräfte, die sich gegenüber dem Phänomen „Nachteilsausgleich" in höchstem Maße ignorant verhalten, haben die Möglichkeit sich in Fortbildungsveranstaltungen auf spielerische Art und Weise therapieren zu lassen.

Ein Bestandteil dieser Kurse sind kleine Figuren aus Gummi – sogenannte Inklusionsmonster -, mit denen Lehrerinnen und Lehrer Situationen des Schulalltags, in denen der Ausgleich von Nachteilen eine Bedeutung hat, durchspielen können.

Das didaktisch Wirksame dieser Figuren besteht gerade darin, dass sich die Lehrerin oder der Lehrer mit ihnen anzufreunden hat – auch wenn sie oder er aufgrund ihres monsterähnlichen Aussehens allen Anlass hätte, sie abzulehnen. Die äußere Erscheinung als Spiegelbild eines im Innern angelegten Nachteils visualisiert hier im Idealfall das subjektive Empfinden, das der Lehrer dem benachteiligten Schüler entgegenbringt.[7] Und im Idealfall sollte dies einen Prozess generieren, an dessen Abschluss die Lehrkraft das Inklusionsmonster zärtlich und mit grenzenlosem Verständnis in die Arme nimmt – so, wie er auch im Schulalltag seiner renitenten, rotzfrechen Chantal und dem bodenlos faulen und schlampigen Luca mit grenzenloser Liebe und Hingabe sowie universalem Verständnis begegnet.

---

[7] *Die Genialität dieses Satzes veranlasste den Verfasser, eine längere Kaffeepause einzulegen – begleitet von dem Wunsch, der Leser möge es ihm nun gleichtun, um sich genüsslich diesen Satz auf der Zunge zergehen lassen zu können.*

Beispiel für ein Inklusionsmonster

INNOVATIONSSTAU,
PÄDAGOGISCHER

Der pädagogische Innovationsstau entsteht in Zeiten, in denen – aus welchen Gründen auch immer – auf die Gewährung von Nachteilsausgleichen verzichtet wurde. Diesen Zeiten folgen Phasen, in denen vermehrt Konzepte zur Gewährung von Nachteilsausgleichen erstellt und in der Praxis so lange erprobt werden, bis sie geeignet sind, Bestandteil eines Schulgesetzes zu werden. Nachfolgend kann man dann von einer richtigen Blütezeit der Nachteilsausgleiche sprechen, in der skurrilste Nachteilsausgleiche formuliert und gewährt werden (Butterbrotenachteil, Winterjackennachteil, Frisurennachteil, … die Liste ist lang), ehe es dann wieder – zunächst unmerklich – zu einer Umkehrung dieser Entwicklung kommt. Nach und nach geht man nachlässig mit Nachteilsausgleichen um, vermag ihre eigentliche Absicht nicht mehr zu erfassen und macht sich letztendlich über sie lustig.

Ein neuer pädagogischer Innovationsstau entsteht.

Was die Dauer dieser Phasen betrifft, spricht man in der Regel von der Maßeinheit Legper (Lp). Eine Legper entspricht einer Legislaturperiode in den verschiedenen Landtagen, also ca. vier Jahren. Mit zu berücksichtigen in dieser Berechnung ist der Unsicherheitsfaktor P bzw. Pn. Es handelt sich dabei um die Partei, die gerade die Regierung bildet bzw. die Parteien, welche die Regierung bilden. Ihre Regierungsdauer kann dann und wann – dies hängt von den Ergebnissen einer Wahl ab – zu einer Verdopplung, aber auch zu einer Halbierung von Lp führen.

KLEINE MONSTERÜBUNG (KMÜ)

Unter den *Kleinen Monsterübungen* versteht man Übungen, die mit Hilfe von Inklusionsmonstern (s. ebd.) von Lehrkräften durchzuführen sind, die sich Nachteilsausgleichen gegenüber ablehnend verhalten.

Diese Figuren gibt es als Fingerpuppen aus Gummi in verschiedenen Ausführungen im Fachhandel. Sie können kombiniert werden mit anderen Figuren, die eine bestimmte Situation in der Schule nachstellen und nicht bewegt werden müssen. Zusätzlich dienen weitere Gegenstände zur Veranschaulichung der nachgestellten Situation: Tafel, Tasche, Tische, Bänke, ... der Phantasie ist hier keine Grenze gesetzt.

Ziel der Übung ist, dass die Lehrkraft, deren ablehnendes Verhalten gegenüber Nachteilsausgleichen diese therapeutische Maßnahme notwendig macht, sich öffnet und erkennt, dass die Gewährung eines Nachteils nicht nur der Schülerin oder dem Schüler zur Chancengleichheit verhilft, sondern für die Lehrkraft eine Bereicherung sein kann.

Der hier vorliegende kleine Führer präsentiert – auf mehreren Seiten verteilt - *Kleine Monsterübungen,* die keinen Anspruch auf Vollständigkeit erheben können. Sie sollen als Anregung dienen, die Phantasie in verschiedenste Richtungen bewegen und Energie freisetzen für einen unbelasteten Umgang mit dem Thema *Nachteil.*

KOMPETENZERLEBEN

Das Ziel aller Nachteilsausgleiche besteht natürlich darin, die Schülerin und den Schüler zu befähigen, durch bestimmte Maßnahmen in Lernsituationen und während Leistungsfeststellungen die Möglichkeit zu erhalten trotz seiner individuellen Erschwernisse Zugang zu Aufgabenstellungen zu erhalten. Dabei ist der Ausgleich des Nachteils nicht antragsgebunden; es gibt auch keine verbindlichen formalen Verfahren für seine Beantragung und Gewährung. Er kann auch ohne Vorlage außerschulischer Gutachten gewährt werden. Deshalb stellen von Zimmermann und Wachtel folgerichtig fest:

„Die Entscheidung, ob für eine Schülerin oder einen Schüler ein individueller Nachteilsausgleich gewährt werden kann oder muss und in welcher Form dies geschieht, ist immer im Einzelfall und im jeweiligen

pädagogischen Zusammenhang von den beteiligten
Lehrkräften herzuleiten und zu bestimmen."[8]

Wie einfalls- und erfolgreich eine solche Entscheidung sein kann, machen die Einrichtung
von sog. Kompetenzerlebnisstunden deutlich.
In diesen Stunden, die regulären Unterrichts-
stunden gleichzusetzen sind, können Schülerinnen und Schüler auf Fragen, die ihnen von
Lehrerinnen und Lehrern gestellt werden, antworten, wie und was sie wollen. Alles wird –
dem Kompetenzerleben entsprechend – als
richtig bewertet. In diesen Stunden sind fünf
und zwei achtkommafünf, Hamburg liegt am
Rhein, der Dreißigjährige Krieg ist die Fortset-
zung des Zweiten Weltkriegs und die unregel-
mäßigen Verben tummeln sich im Amazonas,
dem höchsten Mittelgebirge in Goslar. Alles ist
erlaubt, nichts ist falsch, es soll Spaß machen –
Kompetenzerleben verhindert hier erfolgreich
psychische Störungen.

---

[8] *von Zimmermann/Wachtel: Nachteilsausgleich aus pädagogi-*
scher Perspektive; SVBl 11/2013 (Niedersachsen), S.449

Freilich: Eine andere Sache ist, dass in Abschlussjahrgängen nicht mehr von den Grundsätzen der Bewertung einer Leistung abgewichen werden darf und deshalb die Beantwortung der Frage, an welchem Fluss Hamburg liege, schon richtig beantwortet werden sollte – ansonsten würden sich die Lehrerinnen und Lehrer, die noch in der Kompetenzerlebnisstunde *Rhein* als richtig bewerteten, nun im Lehrerinnen- und Lehrerzimmer – und das entspricht ihrem wahren Charakter – wiehernd und grunzend, mit gespieltem Zusammenbrechen, verdrehten Augen und heraushängender Zunge auf eben diese Antwort reagieren.

Kleine Monsterübung „Die Lehrkraft I"

Die Kreide in der einen Hand, das Lehrbuch in der anderen – so präsentiert sich die Lehrkraft, die sich gegenüber dem Inklusionsmonster in der starken, mächtigen Situation sieht. Dementsprechend kauert es – hilflos die Arme in die Höhe gestreckt – am Fuße der Lehrkraft. Augenscheinlich wird es nicht beachtet und es droht in jedem Moment ein Tritt, der es vollends verstummen lässt.

KONFERENZENKOORDINIERUNGS-KONFERENZ

Bei der Konferenzenkoordinierungskonferenz handelt es sich um eine Konferenz, in der alle Aussprachen, Beratungen, Debatten, Unterhaltungen und Gespräche über Nachteilsausgleiche, die an einer Schule beabsichtigt sind und durchgeführt werden, koordiniert werden.

Notwendig hierfür ist, dass alle sprachlichen Äußerungen zu einem Nachteilsausgleich vor ihrer Äußerung angemeldet werden, um eine Koordinierung möglich zu machen. Dabei ist das Formblatt NaTeAuFoBl I/A zu benutzen, in dem alle relevanten Daten und Inhalte einzutragen sind. Dieses Formblatt kann von jeder Schule nach eigenen Intentionen gestaltet werden, sollte aber folgende Inhalte erfassen:

☐ Name der Schülerin/ des Schülers
☐ Alter, Gewicht, Größe
☐ Geplanter Nachteilsausgleich

- ☐ Betroffene Fächer
- ☐ Begründung der Lehrkraft (Kurzfassung)
- ☐ Begründung der Elternteile
  (Langfassung)
- ☐ Stellungnahme der Klassenlehrerin/
  des Klassenlehrers (irrelevant)
- ☐ Stellungnahme der Schulleitung
  (halbwegs relevant)
- ☐ Stellungnahme der Schülerinnen- und
  Schülervertretung☐ (relevant)

Aufgabe der Konferenzkoordinierungskonfe-
renz ist es, auf der Grundlage der eingereichten
Formblätter eine Konferenz vorzubereiten, indem u.a. ein Termin bestimmt wird und die
Teilnehmerinnen und Teilnehmer benannt
werden. Außerdem ist diese Konferenz aus
rechtlichen Gründen zuständig für die Archi-
vierung. Den umfangreichen Aufgaben der
Konferenz entsprechend ist bei der Stundener-
mäßigung für die Lehrkräfte, die sich für die
Arbeit in dieser Konferenz zur Verfügung stellen, großzügig zu verfahren: so sollten jeder
Lehrkraft pro Woche 22 ½ Minuten gutge-
schrieben werden.

KONSTELLATIONSPROGNOSE

Die Beantwortung der Frage, wann und wo eine Schülerin oder ein Schüler mit Sehbehinderung zu sitzen habe, ist abhängig von der Räumlichkeit, den Personen, der Jahreszeit, Grundkenntnissen der Astronomie und den zur Verfügung stehenden Lichtquellen. In verantwortungsvoller Art und Weise ist diese Frage von der jeweiligen Lehrkraft in einer sogenannten Konstellationsprognose zu beantworten. (s.a. Umutismus)

Die Beantwortung der Frage, wann und wo eine Schülerin oder ein Schüler mit Hörbehinderung zu sitzen habe, ist abhängig von der Räumlichkeit, den Personen, der Jahreszeit, dem kleinen „Akustikschein der Physik" und den im Raum vorhandenen Geräuschequellen. In verantwortungsvoller Art und Weise ist diese Frage von der jeweiligen Lehrkraft in einer sogenannten Konstellationsprognose zu beantworten.

Die Beantwortung der Frage, wann und wo eine Schülerin bzw. ein Schüler mit emotionalen Defiziten …

LOKALISIERUNGSSCHWÄCHE

Während es sich bei dem lokaldefizitären Verhalten um ein Verhalten handelt, bei dem die Schülerin oder der Schüler die Schwierigkeit hat, sich aus einer bestimmten Anzahl von Orten für den richtigen zu entscheiden, geht es bei der Lokalisierungsschwäche prinzipiell um das Problem, einen bestimmten Ort anzuvisieren und zu erreichen.

Die Dringlichkeit, Lokalisierungsschwäche als Nachteilsausgleich zu formulieren und anzuwenden, wurde im Sommer 2010 durch den tragischen Fall des vierzehnjährigen Ole Töpfer aus Barsinghausen erkannt.

Ole Töpfer hätte von zu Hause aus bis zu seiner Schule einen Fußweg von ca. 12 Minuten gehabt. Nachdem er aber schon im Frühsommer 2010 zunächst zwanzig, später fast eine Dreiviertelstunde zu seiner Bildungseinrichtung benötigte, kam er am 28. Juni 2010 überhaupt nicht mehr in der Schule an. Nicht hilfreich war auch, dass Oles Fehlen auf Grund seiner nicht ausreichenden Mitarbeit erst sieben Tage später, am 5. Juli 2010 festgestellt wurde.[9] Ole Töpfer wurde schließlich völlig entkräftet drei Wochen später vor dem Haupteingang der Eppendorfer Kliniken in Hamburg aufgefunden. Er hatte völlig die Orientierung verloren, erst kurz hinter vor Uelzen – im sogenannten Uelzener Becken – bemerkt, dass er sich verlaufen hatte, und bei dem Versuch zu trampen die falsche Straßenseite gewählt. Ole hatte, als er aufgegriffen wurde, fast fünf Kilo abgenommen und wog nur noch 84 kg.

---

[9] *Dabei spielte der Zufall eine erhebliche Rolle. Der Betreibende des Schulkiosks hatten festgestellt, dass ihr Umsatz an belegten Brötchen aus unerklärlichen Gründen zurückgegangen war. Auf der Suche nach den Ursachen stellte man fest, dass Ole Töpfer, einer der Hauptabnehmende der Brötchen, schon längere Zeit nicht mehr den Schulkiosk aufgesucht hatte. Als man mit ihm ein klärendes Gespräch führen wollte, durch das man herauszufinden hoffte, was der Grund dafür sei, dass Ole keine Brötchen mehr kaufe, stellte man fest, dass er schon seit Tagen nicht mehr in der Schule gewesen war.*

Die sich anschließende Debatte über die Gewährung und Formulierung eines Nachteilsausgleiches wurde sehr lebhaft und kontrovers diskutiert.

Elternvertreterinnen und -vertreter sprachen sich dafür aus, dass Lehrerinnen und Lehrern, denen das Fehlen von Schülerinnen und Schülern nicht auffällt, aus Gründen der Empathie die Strecke zu gehen haben, die die lokalisierungsgeschwächten Schülerinnen und Schüler auf ihrer verzweifelten Suche nach ihrer Schule zurückgelegt hatten.

Lehrerinnen und Lehrer wiederum schlugen vor, dass lokalisierungsgeschwächten Schülerinnen und Schülern keine bestimmte Schule zuzuordnen sei, sondern dass sie dort beschult werden, wo ihre Lokalisierungsschwäche sie hinführt.

Die Meinung der Schülervertreterinnen und -vertreter konnte nicht in den Entwurf einbezogen werden, da sie den Sitzungssaal nicht fanden, deshalb nicht erschienen und von der

Bahnhofspolizei am späten Abend in einem Schnellrestaurant aufgegriffen wurden.

Man einigte sich schließlich auf die Maßnahme, dass mit solcher Schwäche lebende Schülerinnen und Schüler von Lehrerinnen und Lehrern abgeholt und wieder nach Hause zurückgebracht werden. Hierfür wurde eigens eine Arbeitsgruppe gebildet, die sich mit den entsprechenden Modalitäten beschäftigte. Nach einem komplizierten Berechnungssystem, das die Zeit der Lehrerinnen und Lehrer zu ihrer Arbeitsstelle ~~und seinem Arbeitsstell~~ und die Zeit der lokalisierungsgeschwächten Schülerinnen und Schüler zur Schule berücksichtigte, wurden mehrere Tabellen erarbeitet, die darüber Auskunft geben, welche Lehrerinnen und Lehrer schülerinnen- und schülerbegleitungspflichtig sind.

LOKALDEFIZITÄRES VERHALTEN

Ein Problem, das vor allem den Sportunterricht betrifft, ist die Frage danach, wo denn dieser Sportunterricht überhaupt stattfinde. An Sommertagen, die mit Sonnenschein beginnen, im Wetterbericht der morgendlichen Nachrichten als Tage mit Starkregen, Böen und Gewitter angekündigt werden, ist eine Zersplitterung bestehender Klassenstrukturen zwangsläufig. Während ein Teil der Schülerinnen und Schüler dem angekündigten Wetter trotzend den Weg in das Stadion wagt, wird ein anderer Teil vor der schuleigenen Turnhalle verharren und dort die Durchführung der sportlichen Aktivitäten erwarten. Ein weiterer Teil wird, da ja der Widerspruch zwischen tatsächlichem und angekündigtem Wetter offenkundig ist, überhaupt keine Sportsachen mitbringen, dies aber nicht preisgeben, sondern je nach der Entscheidung für oder gegen eine Sportstätte behaupten, man habe – und das fänden sie sehr ärgerlich – Sportsachen nun mal gerade für die andere Sportstätte mitgebracht.

Mit der Diskrepanz zwischen gewünschtem und tatsächlichem Schülerinnen- und Schülerverhalten in dieser Frage ging man früher so um, dass Lehrerinnen- und Lehreräußerungen wie zum Beispiel „Erzähl' mir doch nichts" oder „Lass' dir das nächste Mal etwas Besseres einfallen" fielen. Erst mit der Erkenntnis, dass es sich dabei nicht um ein absichtliches Fehlverhalten von Schülerinnen und Schülern handelt, sondern um eine Verzweiflungstat, die durch die sogenannte fehlende meteorologische Konstante hervorgerufen wurde, konnte ein Nachteilsausgleich formuliert werden, der dem Umstand Rechnung trägt, dass Schülerinnen und Schülern nicht zugemutet werden kann zu entscheiden, wo ihrer Meinung nach beim Fehlen der meteorologischen Konstante der Sportunterricht stattfindet.

Gleichzeitig mit der Gewährung dieses Nachteilsausgleichs (Lokaldefizitäres Verhalten, abgekürzt: LDV-Syndrom) hat die Klassenkonferenz somit die Ursache der LDV-Schwäche zu nennen – in diesem Fall handelt es sich um eine fehlende meteorologische Konstante, welche die LDV-Schwäche verursachte (Abk.: LDVmK-Schwäche).

Gleichzeitig mit der Feststellung dieser Schwäche hat die Klassenkonferenz festzulegen, inwieweit eine fehlende meteorologische Konstante (mK) konstatiert werden kann. Hierzu werden Sportlehrerinnen und -lehrer aufgefordert, den morgendlichen Wetterbericht mit dem tatsächlichen Wetter abzugleichen. Es genügt dabei nicht, sich mit den Wetterinformationen vor Ort auseinanderzusetzen, sondern man hat das Einzugsgebiet der Schülerinnen und Schüler zu berücksichtigen. Hierbei gelten folgende Richtwerte:

	Einzugsgebiet	Lehrkraft	mK
A	0 – 5 km	1	X
B	6 – 10 km	1	X
C	11 – 15 km	1	X
D	Ab 16 km	1	X

(Dass diese Tabelle überhaupt keinen Sinn ergibt, wurde schon sehr früh von mehreren Lehrerinnen und Lehrern erkannt, die ihre Bedenken und Fragen den jeweiligen Kultusministerien in den verschiedenen Bundesländern vortrugen. Offiziell wurde sie aber nie in Frage gestellt – zu groß war die Angst davor, mit einer solchen Kritik als Gegner des Nachteilsausgleichs „Lokaldefizitäres Verhalten" zu gelten.)

Kleine Monsterübung „Die Lehrkraft II"

So sollte es sein: in der einen Hand das Lehrbuch, in der anderen das Inklusionsmonster. Freudig streckt es die Arme in die Luft. Auf gleicher Höhe mit der Lehrkraft hat es Einblick in das kenntnisreiche Buch und vermag teilzuhaben an der Wissensvermittlung.

NACHTEILSSKURRILISMUS
(s. a. pädagogischer Innovationsstau)

Vor allem in der Spätphase von Epochen, in denen Nachteilsausgleichen eine besondere Beachtung geschenkt wird, kommt es bei Lehrerinnen und Lehrern zu Übertreibungen bei der Formulierung von Nachteilsausgleichen. Es handelt sich dabei die Tendenz, jegliche Erschwernis, die die Schülerin und den Schüler daran hindert, eine Aufgabenstellung zu erfassen, mit einem Nachteilsausgleich abzufedern und im Idealfall aufzulösen.

Als Beispiele für diesen Nachteilsskurrilismus seien genannt: Blasen-, Gehirn-, Oberarm-, Lendenwirbel-, Gewebe-, Nagelbettschwäche; Haut-, Blickwinkel-, Geschmacks-, Geruchsirritation; Schreib-, Lese-, Sprech-, Gefühlsintoleranz; Linien-, Konzentrations-, Zuhör-, Äußerungsunverträglichkeit, …

Hat man in der Frühphase der Spätphase Lehrkräften, die dem Nachteilsskurrilismus verfielen, noch mit disziplinarischen Schritten gedroht, so schritt man in der Endphase der Spätphase dieses Phänomens nicht mehr ein. Grund hierfür war die Hoffnung, dass durch dieses ungezügelte Ausufern von Nachteilsausgleichen der Nachteilsausgleich an sich in der Bevölkerung zunehmend auf Ablehnung stoßen würde.

NUMERALE SENSIBILITÄT

Welche Bedeutung Zahlen haben können und wie sie sich auf die seelische Verfassung eines Menschen auswirken können, ist, ja, man kann es fast behaupten, seit frühester Zeit belegbar. Schon im babylonischen Weltreich spielten die Zahlen zwölf und dreizehn – je nachdem, ob man nun Sonnen- oder Mondanbeter war – eine lebenserhaltende, zuweilen auch tödliche Rolle.

Heute liefert die Nutzung von Zahlen wichtige Erkenntnisse über die Verfassung eines Menschen und entscheidet oft über sein Schicksal. Ganze Datenbündel von Zahlen dienen für die Wahl einer bestimmten Entscheidung, stürzen einen Menschen in größtes Unglück oder katapultieren ihn in den siebten Himmel. Angesichts dieser Erkenntnisse ist es völlig unverständlich, dass die Pädagogik dieses Phänomen noch nicht in angemessener Weise gewürdigt hat. Immerhin haben sich die Vertreterinnen und Vertreter der Bundesländer – und das ist ja wenigstens ein erster Schritt - auf ihren regelmäßig stattfindenden Treffen darauf einigen können, numerale Sensibilität bei Schülerinnen und Schülern als Nachteil anzuerkennen und mit einem Ausgleich zu versehen.

Leitgedanke dieses Nachteilsausgleichs ist dabei, dass es Schülerinnen und Schüler gibt, welche die Bewertung ihrer Leistung mit einer Zahl nicht verkraften und unterschiedlichste Reaktionen zeigen, die vom harmlosen Stöhnen bis hin zu massiven hysterischen Anfällen reichen. Man hat erkannt, dass sich Schülerinnen und Schüler nicht mehr mit dem Geleisteten (oder Nichtgeleisteten) beschäftigen, sondern nur noch mit den Zahlen, welche diesen Leistungen (oder Nichtleistungen) zugeordnet werden.

Es scheint so wie in dem Club der Witzeerzählerinnen und Witzeerzähler zu sein, die sich ihre Witze durchnummeriert haben und bei ihren Treffen keine Wörter, Sätze und Texte mehr austauschen, sondern nur noch

Nummern zurufen. Dann lacht mal jemand müde bei der Zahl *Fünf* – zu alt ist der Witz –, viele schlagen bei *Siebenundzwanzig* wiehernd mit ihren Handflächen auf die Oberschenkel – dieser Witz verliert nie seine Wirkung – oder einer fällt bei *Einhundertzwölf* vor Grölen fast vom Stuhl – er hört ihn zum ersten Mal.

Da aber doch der inhaltliche Gedanke gerade bei Schülerleistungen im Vordergrund stehen sollte, hat sich die Konferenz der Kultusminister der verschiedenen Bundesländer darauf geeinigt, den Nachteilsausgleich *numerale Sensibilität* für Schüler anzuerkennen.

PÄDAGOGISCHER NEOLOGISMUS

Mancher von uns – und manche von uns auch
– erinnert sich an seine und ihre Deutschauf-
sätze, die am Rand – bei dem einen (oder der
einen) in größerer, bei dem anderen (oder der
anderen) in geringerer Anzahl – den Buchstaben *A* für Ausdrucksfehler aufwiesen. Und
jede und jeder von uns weiß, welche zermür-
benden Diskussionen darüber geführt wurden,
ob ein Begriff so verwendet werden könne o-
der durch einen anderen ersetzt werden müsse.
Denn das, was in der Rechtschreibung als richtig oder falsch beurteilt wird und deshalb entweder so bleiben kann oder berichtigt werden
muss, ist beim Ausdruck nicht eindeutig beur-
teilbar und entsprechend nicht zu berichtigen,
sondern entweder zu verbessern oder zu akzeptieren. Bis jetzt ging man selbstverständlich
davon aus, dass die Deutschlehrerin bzw. der
Deutschlehrer diejenige bzw. derjenige sei, die
bzw. der letztendlich zu entscheiden habe, ob

ein Ausdruck verwendet werden kann oder durch einen anderen, besseren zu ersetzen sei.

Dies ist anmaßend.

Die Fachgremien haben deshalb einen Nachteilsausgleich formuliert, der der Schülerin und dem Schüler das Recht zugesteht, eine eigene und vielleicht sogar bessere Wortschöpfung seinem Ausdrucksvermögen hinzuzufügen. Denn gerade diese Toleranz gegenüber Begriffen, die vorher als verbesserungswürdig erkannt und sanktioniert wurden, ist Ausdruck für Lebendigkeit und Wandlungsfähigkeit einer Sprache.

Wenn also eine Schülerin oder ein Schüler im Zusammenhang mit Mahlzeiten *Blunch* schreibt, hat die Deutschlehrerin oder der Deutschlehrer diesen Begriff nicht als Ausdrucksfehler anzustreichen, weil er glaubt, die Schülerin oder der Schüler habe damit *Brunch* gemeint – eine Zusammenziehung der Begriffe *Breakfast* und *Lunch*, sondern sie oder er hat diesen Begriff als Wortneuschöpfung zu akzeptieren. Und mehr noch: sie oder er hat der Schülerin oder dem Schüler wegen ihrer oder seiner Wortneuschöpfung eine entsprechend positive Beurteilung zu geben – zeugt doch diese Wortneuschöpfung vom sicheren Umgang mit Stilmitteln. Fair doch geflacht, Fan vier diese Flätigkeit nicht phördern Würden.

PHANTOMDEHYDRIERUNG

Die in den letzten Jahren zunehmend vorgetragenen Klagen von Schülerinnen, Schülern, weiblichen und männlichen Elternteilen, die sich verschlechternden geistigen Leistungen seien zum Großteil verursacht worden, weil nicht in genügendem Maße Getränke während des Unterrichtes zur Verfügung standen und zu sich genommen werden konnten, führte dazu, einen entsprechenden allgemeinen Nachteilsausgleich für alle Schülerinnen und Schüler zu formulieren.

Inzwischen hat sich die Regelung, während des Unterrichts trinken zu dürfen, an nahezu sämtlichen Schulen durchgesetzt. Man kann, ohne zu übertreiben, die Hypothese aufstellen, dass man sowohl den I. als auch den II. Weltkrieg hätte verhindern können, wenn den Schülerinnen und Schülern dieser Zeit die Aufnahme von genügend Flüssigkeit gewährt worden wäre, was zweifellos zu einer erhöhten geistigen Leistung und Fähigkeit, Absichten zu durchschauen und gegebenenfalls zu verhindern, geführt hätte.

PLINGULARISMUS
(Verb: plingualisieren)

Bei dem Begriff *Plingularismus* handelt es sich um ein Kunstwort, das aus den Begriffen Singular und Plural zusammengesetzt wurde. Es bezeichnet die Tendenz, die singulären Aufgaben einer Lehrerin oder eines Lehrers (Wissensvermittlung, Förderung bestimmter Verhaltensweisen, Erziehung zu bestimmten Werten und Normen) entsprechend dem zunehmenden Pluralismus innerhalb unserer Gesellschaft zu vervielfältigen, indem Themen, von denen man nie gedacht hätte, sie seien als Schulfächer geeignet, der Schule überträgt.[10]

---

[10] *Zu diesem Thema hat Harald Martenstein den lesenswerten Artikel „Über symbolische Schulfächer" (ZEITmagazin Nr. 7/2017, 28. Februar 2017) verfasst. In ihm heißt es mit Blick auf die Betriebe, die permanent SOS funken, weil Schulabgängerinnen und -abgänger weder des Lesens noch des Schreibens und Rechnens kundig sind, u.a.: „Wenn man also unbedingt neue Fächer einführen will, dann müssten die ersten neuen Fächer ‚Echt lesen und schreiben erlernen (Else)' heißen und ‚Ganz im Ernst rechnen (Gier)'." Die neuen Fächer Else und Gier*

Da die Lehrkraft mit diesen neuen Aufgabengebieten auf zum Teil völlig neue Anforderungen stößt, werden in entsprechender Weise natürlich völlig neue Fähigkeiten von ihm verlangt, die sein volles Engagement fordern. So geht es unter anderem um die Aufgabengebiete Konferenzologie, Aktenordnerwissenschaft, Formalistik, Ernährungswissenschaft, Pornographie, Fastenkunde, Stresstraining, medizinisches Grundwissen, kleine Tischlerkunde, kollegiale Fallberatung, Verblödungstherapie, Entblößungsaufstellung, Handreichungen zum Ertragen hirnverbrannter Äußerungen, Respektlosigkeitsdiagnostik, mathematische Aggressionskunde, …

Widerstand, zum größeren Teil aus der älteren Lehrerschaft, zum geringeren Teil auch von gewerkschaftlicher Seite verzögert diese Entwicklung zum Teil erheblich. Insgesamt aber kann man zufrieden sein: viele gesamtgesell-

---

können seinetwegen „parallel zu den alten, eher symbolischen Fächern Deutsch und Mathe unterrichtet werden."

schaftliche Aufgaben wurden erfolgreich auf den schulischen Bereich übertragen.

RESPEKTIERUNGSSCHWÄCHE

Unter *Respektierungsschwäche* versteht man die Unfähigkeit, sich gegenüber Mitschülerinnen und Mitschülern, verbeamtetem Lehrpersonal und angestelltem Personal der Schule respektvoll zu verhalten. Bei aktiver Respektierungsschwäche handelt es sich um ein Verhalten, das sowohl sprachlich als auch von der Gestik und Mimik her eindeutig bestimmt werden kann und deshalb keine Chance auf einen Nachteilsausgleich hat, sondern sanktioniert werden muss. Allerdings ist die Diskussion hierüber noch nicht abgeschlossen und die Gruppe der Fachleute, die Respektierungsschwäche als Nachteil anerkennen will, kann mit einer Reihe von Argumenten aufwarten.[11]

---

[11] ~~Du Hampelmann willst wissen, was das für Argumente sind? Jetzt halt mal schön die Luft an und die Klappe zu. Was glaubst du denn, wer du bist?!~~ *(Vom Verfasser nachträglich gestrichen)*

Bei passiver Respektierungsschwäche verhält es sich anders – komplizierter. Beispielhaft hierfür ist der Fall des fünfzehnjährigen Ulf-Marten, der einen seiner Lehrer mit *Blödmann* bezeichnete – eine typisch aktive Respektierungsschwäche.

Im Gespräch mit Ulf-Martens Vater gelang es, diesen vom falschen Verhalten seines Sohnes zu überzeugen und ihn dazu zu bringen, erzieherisch auf ihn einzuwirken.

Schon einen Tag später konnte der Vater telefonisch dem Lehrer freudig mitteilen, dass er mit seinem Sohn gesprochen und ihm erklärt habe, dass er so etwas nicht mehr sagen dürfe, sondern nur noch denken solle.

So konnte mit Hilfe des Vaters die aktive Respektierungsschwäche erfolgreich in eine passive übergeleitet werden.

Kleine Monsterübung „Auf der Bank"

Das ist die richtige Konstellation von Inklusionsmonster, Tisch und Bank. Die Bank dient hier nicht zum Sitzen, sondern ermöglicht dem Inklusionsmonster das Erreichen des eigentlichen Sitzplatzes, der Tischplatte. Erst so wird es dem Monster ermöglicht, uneingeschränkt dem Unterricht zu folgen.

RESPEKTIERUNGSDISSONANZ

„Eh, du Arsch, nein, Herr M., ich meinte natürlich nicht Sie. Aber der Kevin, der nervt sowas von. Und überhaupt – das war doch nur Spaß.

Unter *Respektierungsdissonanz* versteht man also den Glauben, dass bei der Frage, wer respektiert werden müsse, Unterschiede gemacht werden könnten.

Dabei handelt es sich natürlich um einen Irrglauben.

Mit Kevin ist in diesem Beispiel nicht – wie man es im ersten Moment vermuten könnte – der Mitschüler gemeint, sondern der Lehrer, kumpelhaft mit seinem Vornamen angesprochen. Und mit Herr M. ist nicht der Lehrer gemeint, sondern der Mitschüler, in spaßiger Weise gesiezt und mit Herr M. tituliert.

Allgemein ist für die Frage nach dem Respekt festzuhalten, dass die Entwicklung von Konsonanz zur Dissonanz in einem reziproken Verhältnis zu dem steht, was nach gängiger Auffassung eigentlich erwartet werden müsste.

Die folgende Tabelle veranschaulicht noch einmal diesen Zusammenhang zwischen Konsonanz, Dissonanz und – beispielhaft – einigen Personen, die im Schulleben eine Rolle spielen:

Respekt	-stärke schwäche	$\rightarrow$	-
Abweichung	Konsonanz	$\rightarrow$	Dissonanz
Beispiele	Mitschüler Hausmeister Schulsekretärin Referendar Lehrer Direktor		

RITUALISIERUNGSSCHWÄCHE

Gar vielfältig sind die Rituale, derer sich eine gut funktionierende Schule bedient. Entsprechend groß ist die Zahl der möglichen Nachteilsausgleich, die eine Schule in Fach-, Klassen- und Gesamtkonferenzen beschließen kann. Die Unfähigkeit, auf Grund individueller Erschwernisse Regeln zu erkennen und anzuwenden umfasst sämtliche Bereiche. Sie reichen vom harmlosen Begrüßen bis hin zur komplexen Leistungsüberprüfung.

Eine Lehrerin oder ein Lehrer, die oder der von der Begrüßungsschwäche seiner Schülerin oder seines Schülers und dem ihr oder ihm verliehenen Nachteilsausgleich weiß, sollte im rechten Moment wegschauen können. Eine Lehrkraft, die von dem Nachteilsausgleich „Leistungsüberprüfungsschwäche" Kenntnis hat, sollte den zu Prüfenden nicht aufrufen, an die Tafel bitten, eine Aufgabe stellen und nach der Beantwortung bzw. Nichtbeantwortung die Weisung erteilen, er solle sich wieder setzen – zu groß ist die Gefahr, dass er sich sofort und direkt vor die Tafel setzt („Sie sagten doch, ich soll mich setzen.").

Weitere Ritualisierungsschwächen, die das Erteilen einen Nachteilsausgleich rechtfertigen, können u. a. sein

☐ vor dem Hinsetzen, wenn man zu spät in den Unterricht kommt, nicht erklären, was der Grund der Verspätung ist

☐ beim Aufstehen und Hinausgehen während des Unterrichts nicht vorher fragen, ob man hinausgehen dürfe

☐ Arbeitsmaterial kurz nach Beginn des Unterrichts nicht selbstständig auf den Tisch legen

☐ das Essen mit Unterrichtsbeginn nicht einstellen

☐ die Füße nicht von der Tischplatte nehmen.

SYNTAXSCHWÄCHE

Keine vollständigen Sätze formulieren können. Überhaupt nicht. Warum? Wird noch erforscht. Baldige Ergebnisse? Mal sehen. Bis dahin: Ruhe bewahren, akzeptieren. Bloß nicht aufregen.

TEILLEISTUNGSSCHWÄCHE

In der Regel handelt es sich bei den meisten Nachteilsausgleichen, die Schülerinnen und Schüler erhalten, um Ausgleiche, die für Teilleistungsschwächen gegeben werden. Maßgeblich verantwortlich für das Erteilen dieser Ausgleiche sind kinderpsychiatrische und entwicklungspsychologische Untersuchungen. Die Diagnostik dieser Testpsychologie besteht aus den verschiedensten Tests[12] und führt in den meisten Fällen zu der abschließende Beurteilung, dass die Lern- und Leistungsmöglichkeiten der Schülerin oder des Schülers weit über dem Durchschnittsbereich seiner Altersgruppe liegen (bis natürlich auf den Teilbereich, in dem eine Leistungsschwäche vorliegt), es der Schülerin oder dem Schüler überhaupt sehr

---

[12] *Intelligenztests, Zürcher Lesetest, MOTTIER-Test zur Prüfung der akustischen Merkfähigkeit, Persönlichkeitstests, Angstfragebogen für Schüler, Rechtschreibtests, die Methode der „Verzauberten Familie", …*

wichtig ist, gute schulische Leistungen zu zeigen, dass sie oder er sich hohen Erwartungen aussetzt, Schwierigkeiten als emotionale Belastung empfindet und letztendlich Misserfolgserfahrungen macht, die eine Gewährung eines entsprechenden Nachteilsausgleichs notwendig machen.

ZWISCHENRUFZWANG (ZRZ)

Zwischenrufe können in verschiedene Stufen eingeteilt werden. Wichtig ist deshalb bei dieser Form des Nachteils, dass die Lehrkraft fähig ist, zwischen pathologisch bedingten Zwischenrufen und nicht nachteilsrelevanten Zwischenrufen (NNR) zu unterscheiden.

Worte	Schwache Lautstärke	Mittlere Lautstärke	Starke Lautstärke
1 – 3 (Bemerkung)	NNR	NNR	NNR oder ZRZ
4 – 9 (Einlassung)	NNR	NNR	ZRZ
>11 (Schwall)	ZRZ	ZRZ	ZRZ

Diese Fähigkeit, die die Lehrerin oder der Lehrer aufzubringen hat, bezieht sich vor allem auf die mit starker Lautstärke vorgetragene sogenannte Bemerkung (s. Tabelle). Es gehört ein feines Ohr dazu zu erkennen, ob die Bemerkung *Du dusslige Kuh* – mit drei Worten also eine Bemerkung – in schwacher, mittlerer oder starker Lautstärke herausgerufen wurde.

Ab einer bestimmten Lautstärke und einer bestimmten Anzahl von Wörtern spricht man vom sogenannten Zwischenruffanatismus, dem pathologische Ursachen zugesprochen werden müssen und die dementsprechend in einem Nachteilsausgleich zu formulieren sind. So ist der Zwischenruf „Red' doch mal bitte etwas lauter!" in schwacher und mittlerer Lautstärke als nicht zu duldender Zwischenruf zu bewerten. Er kann als Unterrichtsstörung entsprechend mündlich bewertet werden. Der Zwischenruf „Eh, du Wichser, mach's Maul auf!" in mittlerer oder starker Lautstärke gilt als pathologischer Zwischenruf und darf damit nicht als Unterrichtsstörung gewertet werden.

Kleine Monsterübung „Gruppenarbeit I"

Eine typische Schulsituation: vier Schüler arbeiten intensiv in einer Gruppe. Der Ball, mit dem man noch in der Pause auf dem Schulhof gespielt hat, spielt keine Rolle mehr; nun spricht man gemeinsam über ein bestimmtes Thema, bearbeitet Aufgaben, verteilt das Amt des Gruppenleiters, -sprechers, -schreibers.
Doch einer sitzt am Rand, wird nicht beachtet, nicht mit einbezogen, ausgegrenzt. So sollte es nicht sein.

Kleine Monsterübung „Gruppenarbeit II"

Eine typische Schulsituation: fünf Schüler arbeiten intensiv in einer Gruppe. Der Ball, mit dem man noch in der Pause auf dem Schulhof gespielt hat, spielt keine Rolle mehr; nun spricht man gemeinsam über ein bestimmtes Thema, bearbeitet Aufgaben, verteilt das Amt des Gruppenleiters, -sprechers, -schreibers. Auf der Tischplatte sitzt unser kleines Monster und beteiligt sich an der Arbeit. Innerhalb dieser Übung ist es die Aufgabe der zu therapierenden Lehrkraft, die Figur behutsam wiederholt auf den Tisch zu setzen und anschließend mehrere Male um die Gruppe zu gehen, um Präsenz zu zeigen.
Exkurs:

UMUTISMUS (umutieren, umutistisch)

Beim Umutismus handelt es sich um die Einstellung, jegliche Art von Ratschlägen, Hinweisen und Maßnahmen mit einem süffisanten Lächeln, einer gewissen Leichtigkeit und sorglosen Begeisterung zu äußern, da bei der Frage nach Mithilfe darauf hingewiesen wird, dass man zwar für die Beratung, nicht aber für die praktische Umsetzung zuständig sei. Diese Einstellung ist vor allem in Einrichtungen zu finden, deren Mitarbeiterinnen und Mitarbeiter die Aufgabe haben, die Anwendung von Nachteilsausgleichen zu kontrollieren und ggfs. mit eigenen Vorschlägen zu ergänzen

Zur Erläuterung dieser weit verbreiteten Einstellung und ihrer seltsam anmutenden Benennung mag die folgende Geschichte dienen; gleichzeitig ist sie für Lehrerinnen und Lehrer, denen es bisher an Möglichkeiten fehlte, Nachteilssituationen zu erleben, ein eindringliches Beispiel für ein inklusives Schlüsselerlebnis:

UMUT IN DER SONNE

Ich lernte Umut zum ersten Mal in der Schule kennen, als er in der 9. Klasse war. In der kleinen Pause saß er – wie einige andere seiner Klasse auch – auf seinem Platz und war mit einem Spiel auf seinem Smartphone beschäftigt. Die Figur, mit der er jagte, und die Figuren, die er jagte, hatten eine Größe von höchstens fünf Millimetern. Flott wirbelten Umuts Finger über die virtuelle Tastatur, am Zucken seiner Mundwinkel konnte ich seine Konzentration und Ausdauer erkennen.

Ich wanderte – und zwar mit meinem Blick – weiter durch den Klassenraum, und erst nach einer Reihe von Beobachtungen fiel mir auf, dass Umut als einziger Schüler vor sich ein Notebook und ein Lesegerät, das auf das Smartboard gerichtet war, stehen hatte.

Das Lesegerät vergrößerte Texte und Bilder, die auf dem Smartboard zu sehen waren, und leitete diese Vergrößerungen auf Umuts Notebook weiter.

Umut war sehbehindert, hatte ein Glasauge und sah mit seinem noch vorhandenen Auge ziemlich miserabel. Ihm war diese Apparatur zur Verfügung gestellt worden, damit er den Unterricht wie seine Mitschülerinnen und Mitschüler, die keine Behinderung hatten, verfolgen konnte.

Wie ich später erfuhr, hatte er sich anfänglich dagegen gewehrt, diese Geräte zu benutzen. Schließlich aber konnte man ihn davon überzeugen, dass er sie im Rahmen der Inklusion zu benutzen habe. Im Rahmen dieser Inklusionsmaßnahmen sollten Umut auch an Stelle von DIN A4-Blättern vergrößerte Kopien im DIN A3-Format zur Verfügung gestellt werden. Häufig vergaß ich diese Vergrößerungen anzufertigen; erst im Klassenraum fiel mir das Versäumte ein und ich fragte Umut, ob er auch mit dem Blatt im DIN A4-Format zurechtkäme.

Er kam damit zurecht und winkte gnädig ab.

Ich war erleichtert.

Mit der Zeit erschrak ich nicht mehr, wenn ich diese Vergrößerungen nicht anfertigte. Und Umut erinnerte sich und mich nicht mehr daran, dass er Anspruch auf vergrößerte Kopien hatte. So verging die Zeit und Umut kam in die zehnte Klasse.

Mehrere Wochen vor der Abschlussprüfung kam die Lehrerin der Schule für Sehbehinderte, die Umut betreute, zu einem kurzen Gastspiel an unsere Schule, weil sie das beratende Gespräch suchte. Dieses fand mit ihr im Beisein der Schulleitung – bestehend aus Rektorin und Konrektor -, Klassenlehrerin und mir als Lehrer, der Umut in Deutsch unterrichtete, statt.

Nach sozial wichtigen Alltagsäußerungen über Wetter, ideale Brötchenbeläge bei einem Frühstück und Verkehrsanbindungen echauffierte sich die Betreuungslehrerin darüber, dass man in den kleinen Pausen mit Umuts Glasauge spiele und Klassenkameraden es sich gegenseitig zuwürfen und erläuterte – immer noch vom Zorne rot –, wie sie sich Maßnahmen vorstelle, mit denen Umuts Nachteil ausgeglichen werden könne. Unter anderem schlug sie vor, dass Umut die Texte, die in der Schule durchgenommen werden, von der Lehrerin oder vom Lehrer als mp3-Datei zur Verfügung zu stellen seien.

Dies auch für das Fach Deutsch und für jede Deutschstunde.

„Das ist eine großartige Idee", erwiderte ich, „und wer soll die anfertigen?"

Erstauntes Kopfschütteln: „Na, Sie natürlich."

Auf meinen Einwand, dass ich mit der Klasse zur Zeit *Im Westen nichts Neues* lese, dass man Umut auf Grund seines Migrationshintergrundes sinnvollerweise diesen Roman auch in türkischer Sprache zur Verfügung stellen solle und dass ich mich freue, wenn eine engagierte Betreuungslehrerin wie sie mich bei der Umsetzung dieser Idee unterstütze, indem sie das Erstellen der mp3-Datei des türkischen Textes übernehme, erwiderte sie, seltsam kühl und distanziert und nicht mehr so sehr begeistert, wie ich es zu Beginn des Gespräches wahrgenommen hatte, dass sie für die Beratung, nicht aber für die Umsetzung ihrer Ratschläge zuständig sei.

Einige Tage vor der Abschlussprüfung besuchte die Betreuungslehrerin noch einmal unsere Schule und wir saßen in dem schon bekannten Kreis zu einem weiteren Gespräch zusammen. Es ging um Hinweise und letzte Ratschläge zur Abschlussprüfung, die beherzigt werden sollten.

Bei der Wahl des Sitzplatzes für Umut habe man – so hub die Betreuungslehrerin an – darauf zu achten, dass die Arbeitsfläche des Tisches, vor dem Umut sitze, in der Sonne, im Licht, liege.

„Abgesehen davon", gab ich zu bedenken, „dass noch gar nicht feststeht, ob am Prüfungstag die Sonne scheint, muss auch berücksichtigt werden, dass die Erde wandert – und zwar um die prüfungsrelevante Sonne – und dass Umuts Tisch auf Grund dieses naturwissenschaftlichen Gesetzes alle paar Minuten zu verrücken sei – und zwar so, dass der Tisch wieder in den vollen Genuss des Sonnenlichtes gelange."

Die sonst so begeisterungsfähige Betreuungslehrerin sah mich mit versteinertem Gesicht an.

„Und da ich selbst", fuhr ich fort, „mit anderen Aufgaben, die mit einer Abschlussprüfung verbunden sind, zu tun habe, fände ich es toll, wenn jemand anderes, zum Beispiel eine Betreuungslehrerin, sich um das gelegentliche Umstellen des Tisches kümmern würde."

„Wie ich bereits erwähnte", säuselte sie, „ich bin für die Beratung …"

Monsterübung „Partnerinnen- und Partnerarbeit I"
(falsch)

Monsterübung „Partnerinnen- und Partnerarbeit II"
(richtig)

NACHWORT

Als ich zu Beginn des zweiten Jahrzehnts dieses Jahrtausends nach Berlin reiste, hielt ich auf einem dieser Besuche mit meinem Fotoapparat eine bemerkenswerte Inschrift an einer Hauswand fest. Mit riesigen Buchstaben in weißer Farbe war auf die roten Backsteine gepinselt worden: „Jeder Mensch hat das Recht auf sein persönliches Scheitern."

Damit eröffnete sich meinen Gedanken, die bisher immer wohlgeordnet hatten verlaufen wollen und sich in gemütlichen Bahnen mit eingefahrenen Denkmustern bewegten, unversehens eine völlig neue Richtung. Denn bis zu dem Tag, an dem ich mit dieser Inschrift konfrontiert wurde, lag der Gedanke, ein Recht auf ein persönliches Scheitern zu besitzen, völlig außerhalb meiner Vorstellungskraft. Wie sollte auch jemand in unserer Gesellschaft, die von Leistung, Arbeit, Nutzen und Wirtschaftlichkeit geprägt wird, einen Gedanken daran verschwenden, dass auch Scheitern ein anerkanntes Lebensziel sein kann.

Diese Erkenntnis musste auch umso schwerer fallen, als alles Mögliche getan wird, Benachteiligung, Misserfolg, Nutzlosigkeit und Unwirtschaftlichkeit durch eine Reihe von Maßnahmen aufzufangen und zu verhindern. Es handelt sich dabei um die sogenannten Nachteilsausgleiche, die Schülerinnen und Schüler befähigen sollen, Fehlleistungen auszugleichen, um am Erfolgserlebnis, gute Noten und Ergebnisse erzielt zu haben, teilnehmen zu können. Das ist aber die Methode, die der Schülerin und dem Schüler jede Möglichkeit nimmt, die Grunderfahrung des Scheiterns durchleben zu können und seinem Schatz an Lebenserfahrungen hinzuzufügen. Sie bzw. er ist jeglicher Wutausbrüche, die aus dieser Erfahrung erwachsen, beraubt, vermag ihren bzw. seinen persönlichen Schiffbruch nicht tränenreich verfluchen und glaubt womöglich noch daran, dass es auf der Welt gerecht zugehe.

Es muss daher nach dem wohlgemeinten Schritt des Nachteilsausgleiches in einem weiteren Schritt dringend darum gerungen werden, Schülerinnen und Schülern die Möglichkeit zu eröffnen, persönlich zu scheitern. Denn letztendlich handelt es sich dabei auch um ein pädagogisches Ziel – ein Ziel, das die Schülerin und den Schüler schließlich dazu befähigt Annehmlichkeiten, die mit einem Scheitern verbunden sind, in Anspruch zu nehmen – genannt seien von diesen vielen Annehmlichkeiten an dieser Stelle nur einige: der Zeitgewinn durch Nichtanfertigung von Hausaufgaben, das mit Unpünktlichkeit verbundene längere Verweilen im Bett, die Schonung der Muskulatur durch Nichtteilnahme am Sport, ... Erst dadurch, dass der Schülerin und dem Schüler diese Vorteile aufgewiesen werden, kann von einer ganzheitlichen Pädagogik gesprochen werden.

Aus diesem Grund tritt auch der Verfasser dafür ein, einen Nachteilsausgleich zu schaffen, der Schülerinnen und Schülern, die erfolgreich sind, die Möglichkeit bietet, auf ganzer Linie zu scheitern.

In jedem Fall besteht von der Seite der Schule die Verpflichtung, Schülerinnen und Schüler darauf hinzuweisen, dass ihnen das Recht des Scheiterns in einem Nachteilsausgleich zugestanden werden kann. Notfalls sind sie in entsprechenden therapeutischen Gesprächen darauf hinzuweisen, dass auch ihr ständiger Erfolg eine Benachteiligung gegenüber Mitschülerinnen und Mitschülern darstellt und in einem Nachteilsausgleich, der diese Erkenntnis aufgreift, berücksichtigt werden muss.[13] Notfalls sind ihnen Fehler anzustreichen, die sie hätten machen können – dies mit dem pädagogisch klugen Hintergedanken, den Nachteilsausgleich anwenden zu können.

---

[13] *Nicht zu Unrecht wird in der gängigen Fachliteratur darauf hingewiesen, dass mit unsichtbaren, unerkannten Devianzen (Abweichungen) ein langes, unbeschwertes Leben geführt werden kann und erst die erkannte und sichtbar gemachte Schwäche zum Problem wird.*

Dieses kleine Nachschlagewerk erhebt auf keinen Fall Anspruch auf Vollständigkeit.

Ganz im Gegenteil: Eine Vielzahl von Nachteilsausgleichen wartet darauf ausgearbeitet zu werden. Als Anregung hierfür mögen die noch nicht formulierten Nachteilsausgleiche

- *Lexischer Minimalismus*
- *Persuasiv-insistorisch erworbener Nachteil*
- *Positives Inkompetenzerleben*
- *Sagen-Denken-Disrelation*

dienen.

Der Verfasser ist deshalb in dem Bestreben, die Welt der Wissensvermittlung und Erziehung in Bezug auf die Gewährung von Nachteilsausgleichen sicherer zu machen, über jede Zuschrift, die ihn von der Existenz weiterer Nachteilsausgleiche in Kenntnis setzt, dankbar.